Kratzmeier
Leben – mit der Behinderung

Schriftenreihe
„Hilfe zur Selbsthilfe"

Leben – mit der Behinderung

Von Prof. Heinrich Kratzmeier, Dipl.-Psych.

Verlag für Medizin Dr. Ewald Fischer · Heidelberg

CIP-Kurztitelaufnahme der Deutschen Bibliothek

Kratzmeier, Heinrich:
Leben – mit der Behinderung / von H. Kratzmeier. – Heidelberg: Verlag für Medizin Fischer, 1985.
 (Schriftenreihe: Hilfe zur Selbsthilfe)
 ISBN 3-88463-060-1

Herstellerische Betreuung: Hendrik Bruch

© 1985 Verlag für Medizin Dr. Ewald Fischer GmbH, Heidelberg

Alle Rechte, insbesondere die der Übersetzung in fremde Sprachen, vorbehalten. Kein Teil dieses Buches darf ohne schriftliche Genehmigung des Verlages in irgendeiner Form – durch Photokopie, Mikrofilm oder irgendein anderes Verfahren – reproduziert oder in eine von Maschinen, insbesondere von Datenverarbeitungsmaschinen, verwendbare Sprache übertragen oder übersetzt werden.

All rights reserved (including those of translation into foreign languages). No part of this book may be reproduced in any form – by photoprint, microfilm, or any other means – nor transmitted or translated into a machine language without written permission from the publishers.

Verlags-Nr. 8522 · ISBN 3-88463-060-1

Gesamtherstellung: Heinrich Schreck KG, 6735 Maikammer

Inhalt

1. Behindertes Leben – bewältigtes Leben . . . 7

Ein Beispiel: Das Selbstkonzept jugendlicher Hörbehinderter. 8

Widerstand 11

Kompensation 11

Engagement. 12

Solidarität 13

Integrationsbereitschaft 14

2. Briefe mit Lebensfragen Behinderter 16

Hörbehindert – Soll ich einen Hörenden heiraten?. 16

Mut zur Ehe. 18

Sprachbehindert – Manchmal stottere ich immer noch 20

Lockern Sie Ihre Affektbremsen 23

Sehbehindert – Warum passieren mir immer solche Mißgeschicke?. 24

Bekennen Sie sich zu Ihrer Sehbehinderung! . 27

Körperbehindert – Warum plage ich mich überhaupt auf dieser Schule weiter ab? 30

Was sich lohnt – nur selten meßbar . . . 33

Lernbehindert – Warum bekomme ich keine Arbeit? 35

Sie werden es schaffen 37

3. Fakten und Hilfen 39

Gehörlose 39

Schwerhörige 40

Sprachbehinderte 41

Blinde 43

Sehbehinderte 45

Körperbehinderte 46

Lernbehinderte 47

Geistigbehinderte 49

4. Anschriften von Bundesverbänden zur Selbsthilfe und Förderung Behinderter 51

Literatur 56

1. Behindertes Leben – bewältigtes Leben

Steigert eine Behinderung die Angst und Hoffnungslosigkeit, unter der fast alle Jugendlichen, unter der so viele Erwachsene heute leiden? Fast jeder zehnte Mensch gilt heute als behindert; der Anteil der Behinderten scheint zuzunehmen. Und da die Übergänge zwischen Behindertsein und Nichtbehindertsein fließend sind, drängt sich die Frage auf, wie jene klassischen Behinderten, die Blinden, die Tauben, die Körperbehinderten, den quälenden Problemen der Menschen von heute gegenüberstehen.

Muß nicht ein blinder Jugendlicher verzweifeln, wenn er sich im mörderischen Verkehr unserer Städte kaum noch bewegen kann, wenn er bei der hohen Jugendarbeitslosigkeit scheinbar überhaupt keine Chance für einen Arbeitsplatz hat, wenn er sogar auf Unterhaltung, Ablenkung und Zerstreuung durch Fernsehen verzichten muß? Wird nicht der gehörlose Jugendliche resignieren, weil ihn die „Hörenden" nicht nur für „taubstumm", sondern wegen seiner Verständigungsschwierigkeiten auch für geistig beschränkt halten? Und wie ist wohl dem Rollstuhlfahrer zumute, der in ein riesiges Rehabilitationszentrum „abgeschoben" wird, der vor der Umweltvergiftung nicht „ins Grüne" entfliehen kann?

Müssen Behinderte resignieren?

Vielleicht kommen wir den Antworten auf diese Fragen näher, wenn wir klären, wie eine bestimmte Behindertengruppe das zentrale Problem jugendlicher Selbstfindung meistert.

Ein Beispiel: Das Selbstkonzept jugendlicher Hörbehinderter

Ich möchte zunächst von den wichtigsten Ergebnissen einer Untersuchung berichten, die sich mit dem Selbstkonzept von 723 jugendlichen Hörbehinderten aus dem deutschsprachigen Raum befaßt.

Kein Behinderungsschock

Im Gegensatz zu zahlreichen Aussagen in der Fachliteratur wurde kein Behinderungsschock in den Aussagen der jugendlichen Gehörlosen und Schwerhörigen konstatiert. Dafür fanden sich Hinweise, daß sich die drei Phasen der Selbstentdeckung, Selbststabilisierung und Selbstprofilierung voneinander abheben lassen.

Als Selbstentdeckung erwies sich der Sachverhalt, daß hörgeschädigte Jugendliche in der Pubertät ihre eigene Persönlichkeit in Abhebung von der hörenden Umwelt empfinden und beschreiben.

„Ich glaube, ich bin ein Durchschnittsmensch, bis auf meine hochgradige Schwerhörigkeit" *(männlich, 16 Jahre)*.

„In der Umgebung mit Schwerhörigen habe ich eigentlich keine Probleme; dagegen in der Umwelt habe ich manchmal Schwierigkeiten" *(männlich, 17 Jahre)*.

Die Selbststabilisierung zeigt sich daran, daß die Aussagen zur eigenen Person im großen und ganzen ausgesprochen positiv sind, auch wenn auf die Behinderung hingewiesen wird.

„Früher war die Hörbehinderung für mich ein großes Problem, doch heute bin ich darüber hinweggekommen" *(weiblich, 17 Jahre)*.

„Ich bin zufrieden mit mir, so wie ich bin" *(männlich, 15 Jahre)*.

Konzepte zur Lebensbewältigung

Als Selbstprofilierung wird bezeichnet, daß sich in den Aussagen zahlreiche Hinweise auf individuelle Konzepte der Lebensbewältigung finden. So fällt vor allem auf, daß in vielen Selbstdarstellungen nicht nur die gegenwärtige Situation, sondern auch Zukunftsaspekte beschrieben werden. Zahlreich sind in diesem Zusammenhang Berufswünsche und Pläne für Familiengründung.

„Ganz allein will ich nicht sein, eine Familie möchte ich haben mit 2–4 Kindern. Neben meinem Beruf und der Familie möchte ich mich auch mit der Politik beschäftigen" *(männlich, 17 Jahre)*.

„Deshalb möchte ich einen Beruf ergreifen, wo ich mit Menschen zusammenkomme" *(weiblich, 16 Jahre)*.

Von den feststellbaren Sozialproblemen wird insbesondere die Polarität von Anpassung und Autonomie deutlich.

„Ich bin manchmal scheu mit den Hörenden. Mit bekannten hörenden Leuten bin ich nicht scheu" *(weiblich, 17 Jahre)*.

„Ich habe Kontaktschwierigkeiten aus Angst, daß ich andere nicht verstehen kann" *(männlich, 18 Jahre)*.

„Fremde kann ich nicht so gut leiden, da dauert es schon einige Zeit, bis ich mich angefreundet habe, denn ich bin schon oft durch meine Schwerhörigkeit ausgestoßen worden" *(männlich, 17 Jahre)*.

Auch finden sich zahlreiche Aussagen, die auf gute Kontakte innerhalb der Schicksalsgemeinschaft der Hörgeschädigten hindeuten:

„Bei den Gehörlosen, da fühle ich mich wohl" *(weiblich, 16 Jahre)*.

„Die Schwerhörigen sind die richtigen Kontaktleute für mich" *(männlich, 17 Jahre)*.

Aus den meisten Selbstdarstellungen wird deutlich, daß hörgeschädigte Jugendliche Rehabilitation vor allem durch berufliche Leistungen anstreben.

„Mein Berufswunsch ist Wirtschafterin. Ich habe ihn deshalb gewählt, weil ich viel Kontakt zu den Menschen suche und später nicht allein sein möchte" *(weiblich, 17 Jahre)*.

„Ich freue mich schon auf die Lehre als Feinmechaniker. Ich habe diesen Beruf nicht wegen des Geldes ergriffen, sondern weil mich der Zusammenbau und das Herstellen der Maschinen interessiert" *(männlich, 14 Jahre)*.

Keine Entmutigung

An diesen Ergebnissen zeigt sich, daß jugendliche Hörbehinderte zwar durchaus ihre Probleme erkennen und realistisch einschätzen, daß sie sich aber nicht entmutigen lassen, sondern mit Optimismus und Entschlossenheit einen Lebensplan gestalten und mit Tatkraft und Dynamik in die Wirklichkeit umsetzen.

Sie meistern ihr Leben ohne Angst. Unsere jungen behinderten Mitmenschen, bei denen es am ehesten einsichtig wäre, wenn sie resigniert, verzweifelt und hoffnungslos wären, verblüffen uns durch die Tatsache, daß ausgerechnet sie der Zukunft zuversichtlich entgegen gehen und dies auch durch Wort und Tat immer wieder bezeugen.

Wie schafft man das?

Gibt es bestimmte Verhaltensmerkmale, die Behinderte in die Lage versetzen, ihr Leben trotz aller Probleme zu bewältigen? Können wir gerade von ihnen lernen? Sind es vielleicht Eigenschaften oder Verhaltensweisen, die auch wir uns aneignen können, um die Angst zu verlieren, um ein neues Lebensgefühl zu gewinnen?

Widerstand

Behinderte müssen gegen unzählige Probleme, Widrigkeiten, Einschränkungen, Diffamierungen und Diskriminierungen ankämpfen; dieser Widerstand macht sie stark. Der Geistigbehinderte wird oft ausgelacht: Er lacht darüber und ist fröhlich. Rollstuhlfahrer stoßen gegen Bordsteine: Die niederen bewältigen sie mit Schwung, gegen die hohen demonstrieren sie so lange, bis sie abgeflacht werden. Gehörlose können nicht telefonieren: Sie sparen eisern oder rufen das Sozialgericht an, bis sie ein Schreibtelefon haben. Ein Stotterer tut sich schwer bei jedem Gespräch: Er studiert Sonderpädagogik und wird ein besonders erfolgreicher Sprachheillehrer.

Kompensation

Behinderte Menschen sind in der Lage, fehlende oder verminderte Fähigkeiten durch besondere Leistungen in anderen Bereichen auszugleichen. Blinde entwickeln ein so starkes Raum- und Bewegungsgefühl, daß sie erstaunlich schwierige Wege selbständig zurücklegen können.

Ein lernbehinderter Junge erreicht im Sport Höchstleistungen. Gehörlose Kraftfahrer sind im Durchschnitt seltener in Verkehrsunfälle verwickelt als Vollsinnige, weil sie den Ausfall des Gehörs durch verstärkte visuelle Aufmerksamkeit mehr als ausgleichen. Sie spüren sogar an den Vibrationen des Fahrzeugs, ob der Motor rund läuft oder nicht in Ordnung ist. Und ein gehörloses Kind auf dem Rücksitz versteht den Vater auf dem Fahrersitz, indem es über den Rückspiegel von seinen Lippen abliest, was er spricht. Armlose Kinder lernen schon bald, mit den Füßen auf höchst appetitliche Weise zu essen, säuberlich zu schreiben und eindrucksvolle Bilder zu malen.

Engagement

Behinderte setzen sich voll und ganz für Anliegen ein, von deren Richtigkeit sie überzeugt sind. Eine Projektgruppe in einem Rehabilitationszentrum arbeitet ein halbes Jahr lang täglich stundenlang mit einer Theatergruppe zusammen, um eine optimale Inszenierung eines Theaterstücks über Behinderte zu ermöglichen. Die Leser der „Deutschen Gehörlosenzeitung" sammeln in wenigen Monaten über 500.000 Unterschriften von Bundesbürgern für eine Resolution, die die Untertitelung von Nachrichtensendungen des Fernsehens verlangt, damit sie auch von Gehörlosen verstanden werden können. Blinde besuchen internationale Kongresse in anderen Erdteilen, um Informationen über neue technische Hilfen für Sehbehinderte zu sammeln und weiterzugeben.

Einsatz und Ausdauer

Die Abschlußklasse einer Lernbehindertenschule „erwirtschaftet" durch einen Weihnachtsbasar mit selbstgebastelten Gegenständen einen Betrag von über 1 000 Mark für ein Flüchtlingslager in Somalia. Diese und unzählige andere Beispiele zeigen, daß Behinderte u.a. auch deshalb die mit ihrer Behinderung zusammenhängenden Probleme gut bewältigen, weil sie trotz aller Schwierigkeiten begeisterungsfähig sind und sinnvolle Projekte mit unglaublichem Einsatz und bewundernswerter Ausdauer verfolgen.

Solidarität

Behinderte halten wie Pech und Schwefel zusammen, wenn es darum geht, große Aufgaben zu bewältigen, sich gegen Widerstände durchzusetzen oder einfach nur, einander zu helfen. Diese Solidarität wird auch in jenen Situationen gewahrt, bei denen sich, wie in jeder menschlichen Gemeinschaft, innerhalb der einzelnen Behindertengruppe Rivalitäten aufbauen oder Positionskämpfe abspielen.

Selbsthilfeprojekte

Die „Werkstätten für Behinderte" haben sich durch gemeinsame Aktivitäten zu einer mächtigen Organisation entwickelt, die die Situation jugendlicher und erwachsener Geistigbehinderter von Grund auf verbessert hat. Eine „Gruppe 73", der vor allem Körperbehinderte angehören, hat in einer süddeutschen Großstadt innerhalb weniger Jahre nicht nur erreicht, daß Gehwegkanten abgesenkt und öffentliche Gebäude rollstuhlgerecht umgebaut wurden, es gelang ihr auch, einen hervorragend organisierten

Fahrdienst für Rollstuhlfahrer einzurichten. Ein gehörloser Maler opfert seinen Urlaub, um – gegen Erstattung der Materialkosten – die Wohnungen von Schicksalsgenossen zu renovieren. Fünf Absolventen einer Sehbehindertenschule gründen einen internationalen Amateurfunkring, der in zahlreichen Fällen Blinden und Sehbehinderten in verschiedenen Ländern Hilfeleistungen bieten kann. Kennzeichen dieser Solidarität der einzelnen Behindertengruppen ist ihre Offenheit gegenüber den Problemen anderer Minderheiten, haben sie doch alle selbst erlebt, was es bedeutet, durch Aussehen oder Verhalten als „andersartig" stigmatisiert zu werden.

Integrationsbereitschaft

Bei allem Einsatz für die Belange ihrer Gruppe verstehen sich Behinderte in der Regel nicht als „Geschlossene Gesellschaft", sondern versuchen, Zugang zur Welt der Nichtbehinderten zu finden, auch wenn dies für sie mit großen Schwierigkeiten verbunden ist. Ein blinder Jurist wird zum Sprecher einer berufsständischen Organisation. Ein Club junger Sprachbehinderter wagt einen gemeinsamen Tanzkurs mit Sprachgesunden. Eine Fußballmannschaft von Schwerhörigen beteiligt sich an einem Fußballturnier der Amateurklasse. Einzelne gehörlose Schüler bewältigen den normalen Schulablauf bis zum Abitur, obwohl sie bei der sprachlichen Verständigung ausschließlich auf das Ablesen der Sprache von den Lippen des Partners angewiesen sind. Eine Körperbehindertenschule veranstaltet zusammen mit allgemeinbildenden Schulen eine Verkehrsralley, um behinderte und nichtbehinderte Schüler gemeinsam in verkehrsgerechtem Verhalten zu trainieren. Gruppen Behinderter arbeiten zusammen mit Nichtbehinderten im Rahmen von internationalen Hilfsprojekten, beispielsweise bei den Aktionen von „Misereor" und „Brot für die Welt".

Sinnvolles Miteinander

Bei diesen intensiven Bemühungen Behinderter um eine Integration in die Gesellschaft stellt sich die Frage, ob Nichtbehinderte ihnen in gleichem Maße und mit gleicher Bereitschaft entgegenkommen. Dabei sollte man klar herausstellen, daß es sich bei der Integration von Behinderten und Nichtbehinderten nicht um einen einseitigen caritativen Akt handelt, sondern um ein ausgeglichenes Miteinander, bei dem auch die Nichtbehinderten durch die Kooperation mit Behinderten bereichert und für eine sinnvolle Lebensbewältigung gestärkt werden.

Herausforderung für alle

So war es ja überhaupt das Anliegen dieses Kapitels zu zeigen, durch welche Eigenschaften und Verhaltensformen Behinderte die drängenden und bedrückenden Lebens- und Existenzprobleme der Gegenwart im allgemeinen besser bewältigen als Nichtbehinderte. Und es ist zu fragen, ob die unheilschwangeren Aspekte der Gegenwart und Zukunft, von der Umweltvergiftung bis zur Hochrüstung, für uns alle nicht eine so gewaltige Herausforderung darstellen, daß wir daran wachsen und uns bewähren könnten – wie die Behinderten an ihrem Schicksal.

2. Briefe mit Lebensfragen Behinderter

Hörbehindert –
Soll ich einen Hörenden heiraten?

Noch vor ein paar Jahren wäre mir gar nicht eingefallen, so eine Frage zu stellen. Einen Hörenden heiraten? Ich als hochgradig Schwerhörige? Das ist doch nicht möglich. Jetzt denke ich ein bißchen anders. Aber ich will erzählen, wie es mir bisher so ergangen ist.

Mein Vater ist gehörlos, meine Mutter schwerhörig. Ich bin das einzige Kind. Mit vier Jahren ging ich in einen normalen Kindergarten. Meine Eltern sagen, das wäre gut gegangen, ich kann mich aber daran nicht mehr erinnern. Dann war ich auf der Gehörlosen- und Schwerhörigenschule. Zum Glück gibt es diese Sonderschule in unserer Stadt, sonst hätte ich in eine Heimsonderschule gehen müssen. Manchmal war es schwierig für mich, die Mitschüler zu verstehen, aber ich habe viele Freunde gefunden. Ich lernte recht verständlich sprechen (meine Mutter kann das auch, mein Vater ist schwer zu verstehen). Wenn ich etwas in der Schule nicht mitgekriegt habe, bin ich zu einer Klassenkameradin gegangen, die zum Glück im gleichen Stadtteil wohnte. Das war praktisch, denn ich konnte ja nicht telefonieren (wir haben auch gar kein Telefon gehabt). Überhaupt haben mir immer sehr viele Leute geholfen, wenn ich in Schwierigkeiten war.

Ich habe dann auch noch die 5. Klasse gemacht und bin dann auf den Realschulzug für Schwerhörige gegangen, der unserer Schule angegliedert ist. Der Stoff im Unterricht war gleich viel schwerer, aber ich bin gut mitgekommen (ich habe übrigens einen Hörverlust von 90 db und trage zwei Hörgeräte).

Da ich die mittlere Reife nach viel Schufterei mit ganz guten Noten bestanden habe, konnte ich mir einen Traum erfüllen und eine Ausbildung als Technische Zeichnerin anfangen (Zeichnen war sowieso schon immer mein liebstes Hobby!). Die Ausbildung hat mir auch viel Spaß gemacht. Ich habe viel Kontakt zu Hörenden bekommen. Ich bin einer Bürgerinitiative beigetreten und war oft im Theater und am Wochenende wandern. Vor drei Jahren lernte ich dann D., meinen jetzigen Freund, kennen. Auch er hört normal, wie inzwischen einige meiner Freunde.

Sie will lieber noch warten

Wir haben uns von Anfang an gleich gut verstanden und haben sehr viele gemeinsame Interessen (Zeichnen, Theater, Natur). Er ist Elektrotechniker und ein Jahr älter als ich (ich bin 24). Eigentlich sind wir nun entschlossen, für immer zusammenzubleiben. Vor allem mein Freund drängt dauernd darauf, daß wir endlich zusammenziehen und heiraten. Eigentlich will ich das auch, aber ich bin mir noch unsicherer in meiner Entscheidung als er das ist. Ich würde gerne noch etwas länger allein bleiben und mir alles genauer überlegen. Ist das denn überhaupt möglich, eine problemlose Ehe zwischen einer Schwerhörigen und einem Hörenden? Zum einen habe ich nämlich Angst, daß D. sich irgendwann in ein hörendes Mädchen verliebt, mit dem er sich besser unterhalten kann als mit mir (natürlich können wir uns auch gut unterhalten, aber das geht eben nicht so problemlos und manchmal mit „Mißverständnissen"!). Zum anderen weiß ich nicht, wie wohl ich mich fühlen werde. Ob ich z.B. nicht leicht neidisch wäre, wenn D. mit Freunden telefoniert; wenn ich auf

Festen nicht alles verstehe? Ob ich mir in Gesprächen nicht unterlegen vorkommen würde? Ob D. auf Dauer mit meinen schwerhörigen und gehörlosen Freunden auskommt, die sich z.T. in der Gebärdensprache unterhalten? Denn trotz der Kontakte zu Hörenden fühle ich mich auch unter meinen Schicksalsgenossen, z.B. im Gehörlosen-Sportverein, sehr wohl.

All das sind Fragen, von denen ich im Moment das Gefühl habe, daß ich sie nicht so schnell beantworten kann. Ob die Zeit mich da weiterbringt, weiß ich nicht zu sagen. Natürlich kann ich mit meinem Freund offen über alles reden, aber er ist mir da zu optimistisch. Ich glaube, ich bin wegen der schlechten Erfahrungen (es sind allerdings nicht viele!), die ich schon im Zusammenleben mit Hörenden gemacht habe, realistischer. Zu realistisch?

Ich warte dringend auf Antwort, weil ich allein (bzw. mit meinem Freund) nicht weiterkomme.

Antwort: **Mut zur Ehe**

Die Entscheidung zur Ehe erfordert Mut, weil jede Ehe Risiken in sich birgt. Ich will versuchen, die Chancen und Risiken Ihrer derzeitigen Situation möglichst offenzulegen, um Ihre Entscheidung zu fundieren.

Sie lieben Ihren Freund, und er liebt sie, das ist doch aus Ihren Zeilen deutlich spürbar. Und Sie haben gemeinsame, vielfältige Interessen, sie haben sich in drei Jahren gründlich kennengelernt, Ihre berufliche Situation ist günstig. Sie sind beide in einem bewährten „Heiratsalter". All dies zusammengenommen, kann man nur sagen: Ihre Chancen für eine „gute" Ehe und Familie stehen günstig.

Eine „problemlose Ehe" allerdings dürfen Sie nicht erwarten. Abgesehen davon, daß auch in einer „guten"

Ehe ernste Probleme auftreten können, abgesehen davon, daß die von Ihnen angedeutete Eifersucht auch Ehen zwischen „Hörenden" stören oder zerstören kann – auf zusätzliche Schwierigkeiten durch Ihre Behinderung müssen Sie schon gefaßt sein, und das sind Sie ja auch.

Probleme der Verständigung

Gespräche sind für jede Ehe wichtig, besonders für junge Ehen, und Sie haben da ja Schwierigkeiten miteinander. Das mag der Hauptgrund dafür sein, daß Ehen zwischen Hörbehinderten und Vollsinnigen relativ selten sind. Aber sie können doch beide etwas zur Verbesserung Ihrer Kommunikationsfähigkeit tun: Sie selbst sollten Ihre Fähigkeiten im Sprechen und Ablesen der Sprache vom Munde weiterhin trainieren, und Ihr Partner sollte sich nicht genieren, gelegentlich auch mal eine Gebärde zu Hilfe zu nehmen.

Wenn man an Kinder denkt: Da Ihre Eltern hörgeschädigt sind, ist bei Ihnen ein erhöhtes Risiko für Hörschädigungen Ihrer Kinder gegeben, solange nicht die Hörbehinderung Ihrer Eltern eindeutig als „erworben" nachgewiesen ist. Falls diese Frage für Sie oder Ihren Partner von entscheidender Bedeutung ist, sollten Sie sich nicht auf (ehrlich gegebene, aber vielleicht irrtümliche) Auskünfte Ihrer Eltern verlassen, sondern sich einer humangenetischen Untersuchung und Beratung unterziehen. Da ich die Erfahrung gemacht habe, daß diese Frage von hörgeschädigten Menschen selbst oft als weniger bedeutsam angesehen wird, möchte ich Ihnen raten zu versuchen, das Problem aus der Sicht Ihres Partners zu sehen und mit ihm gemeinsam eine Klärung herbeizuführen, soweit dies eben möglich ist.

Ein „Restrisiko" bleibt: Auch Ehen optimaler Konstellation können scheitern, auch gesunde Kinder können ihren Eltern große Sorgen machen. Deshalb braucht man – wie gesagt – für die Ehe Mut, und den wünsche ich Ihnen von Herzen.

Sprachbehindert –
Manchmal stottere ich immer noch

Wenn ich so am Schreibtisch sitze und an Sie schreibe, fällt mir wieder mal auf, um wieviel leichter es mir immer noch fällt, meine Gedanken schriftlich zu formulieren, als sie mündlich in einem Gespräch zu äußern. Ich bin bzw. war nämlich schwerer Stotterer. Erst eine jahrelange Therapie hat es mir überhaupt ermöglicht, mich mit meinen Mitmenschen sinnzusammenhängend zu unterhalten. Wenn ich an die Zeit vorher zurückdenke (ich war zu Beginn der Therapie bereits fünfzehn Jahre alt), erinnere ich mich hauptsächlich an alptraumhafte Situationen: beim Einkaufen, hilf- und sprachlos die ungeduldige Verkäuferin anstarrend; in der Schule, vom gereizten Lehrer aufgerufen und nach mehreren qualvollen Sekunden mit einem mitleidigen Achselzucken wieder in Ruhe gelassen; am Telefon, unfähig, eine Schulkameradin an den Apparat zu verlangen, bis der Vater schließlich aufhängt. Zum Glück habe ich auch noch andere Erinnerungen: ans Fußballspielen, an die beste Physik-Arbeit der Klasse, an den Gitarrenunterricht, an Skifreizeiten. Aber das waren eben alles Situationen, in denen Sprache nicht unbedingt erforderlich oder zweitrangig war.

Angst verloren

Ein besseres Verhältnis zu meiner Sprache und damit letztendlich auch zu mir selbst hat mir erst meine Stottertherapie ermöglicht. Hier lernte ich zum ersten Mal, offen und selbstständig mit meinen Gefühlen umzugehen. Ich *durfte* stottern, und dadurch verlor ich die Angst vor dem Sprechen. Je sicherer und angstfreier ich in meinem Verhalten anderen gegenüber wurde, desto weniger stotterte ich. Was das für positive Auswirkungen auf mein berufliches und privates Leben hatte, brauche ich Ihnen wohl nicht zu schildern. Inzwischen bin ich soweit, daß ich in „normalen" sachlichen oder beruflichen Gesprächen, auch mit fremden Leuten, praktisch nicht mehr stottere. Manchmal bleibe ich etwas „hängen", aber das fällt nur geschulten Ohren auf.

Nun zu meinem eigentlichen Problem, da Sie ja jetzt über meine „Stottererkarriere" informiert sind. Es ist so, daß ich, wenn ich über Dinge spreche, die mir nahegehen, z.B. über persönliche Beziehungen oder wenn ich das Gefühl habe, daß Leute, mit denen ich im Institut, also an meinem Arbeitsplatz, zusammenarbeite, ungerecht behandelt werden, also daß ich in solchen Situationen eigentlich immer noch sehr aufgeregt und nervös bin. Das hat zur Folge, daß ich entweder völlig gelassen und ruhig rede (was mich dann einige Anstrengung kostet), das wirkt dann sehr gefühllos und unbeteiligt; oder daß ich so drauflos rede, wie ich mich gerade fühle und dementsprechend stottere!

Die alte Verzweiflung

Häufig schauen mich dann Leute, die mich recht gut kennen, aber nicht wissen, daß ich stottere, völlig entgeistert an, und viel von der alten Unsicherheit und Verzweiflung („es versteht mich ja doch niemand"), steigt dann wieder in mir hoch. Andererseits, wenn ich immer so betont beherrscht daherrede, schätzen mich meine Mitmenschen als a) gefühlskalt b) langweilig ein. Aber ich kann doch nicht jedem gleich auf die Nase binden, was mit mir los ist? Irgendwie geht es mir ziemlich auf die Nerven, daß ich mich nach außen ganz anders geben muß, als ich eigentlich bin bzw. mich fühle! Wäre es nicht besser, ich würde zu meinem Stottern stehen, weil ich eben nun mal so bin? Vielleicht liegt es an meinen schlechten Erfahrungen, die ich in meinem bisherigen Leben als Stotterer gemacht habe, daß ich davor Angst habe. In unserer Stadt hat sich jetzt eine Stottererselbsthilfegruppe gebildet, und ich will zu dem nächsten Treffen unbedingt hingehen, vielleicht, daß mir „Leidensgenossen" bei meinem Problem weiterhelfen können.

Dennoch interessiert es mich sehr, was Sie dazu meinen. Meine Familie und enge Freunde, die ich bereits gefragt habe, meinen beinahe alle übereinstimmend, daß es besser wäre, mich zu konzentrieren und damit mein Stottern zu verbergen. Früher hätte ich mich damit abgefunden und mich dem Urteil der anderen angepaßt. Heute bin ich aber der Meinung, daß ich eigentlich am besten wissen müßte, was für mich gut ist. Nur weiß ich eben in diesem speziellen Fall gar nicht so genau, was ich will!

Antwort: **Lockern Sie Ihre Affektbremsen**

Um gleich mit der Tür ins Haus zu fallen: ich meine, Sie sollten weniger auf Verwandte und jene Freunde, als auf sich selber hören. Und Ihre innere Stimme gibt ihnen doch deutlich zu verstehen, daß Sie Ihr Stottern nicht mehr verbergen, sondern sich zu ihm bekennen sollten.

Aber nun mal schön der Reihe nach: daß Sie sich schriftlich perfekt ausdrücken können, zeigt mir Ihr Brief; und das ist ja nun auch etwas, um das Sie manche Leute beneiden werden, die zwar munter drauflos plaudern, aber kaum einen Satz zu Papier bringen können.

Erfolgreiche Therapie

Auch möchte ich Ihnen sagen, daß Ihre Therapie doch offenbar recht erfolgreich war; denn bei etwa einem Drittel schwerer Stotterer tritt auch nach jahrelanger Therapie keine Besserung ein. Und es besteht ja wohl kein Zweifel, daß Ihre jetzige sprachliche Situation ungleich günstiger ist als die frühere, die Sie in Ihrem Brief so anschaulich darstellen. Obwohl ich doch täglich mit schwer behinderten Menschen Umgang habe, hat mich gerade diese Darstellung Ihrer früheren Sprachnot tief bewegt.

Daß Ihre Therapie dann so erfolgreich war, hängt sicher auch damit zusammen, daß Sie schon vorher versuchten, durch musische und sportliche Betätigung sowie durch schulische Leistung einen Ausgleich für die Kommunikationsprobleme zu finden.

Was nun Ihr eigentliches Anliegen angeht: Ich finde es wunderbar, daß Sie sich dann, wenn es um Menschen geht, um persönliche Beziehungen oder ungerechte

Behandlung anderer, so aufregen können, daß Sie alles Eingelernte und Antherapierte vergessen. Da kommt dann Ihr wahres Selbst nach außen, diese persönliche Empfindsamkeit, deretwegen Sie vielleicht von manchen belächelt, aber sicher von anderen geliebt werden. Suchen Sie sich Ihre Freunde unter denen, die Sie so zu schätzen wissen, wie Sie wirklich sind.

Wenn Sie sich konsequent so verhalten, wird das vermutlich nach einiger Zeit auch von Ihrer Familie akzeptiert; wenn nicht, Sie sind ja nun selbständig genug, um Ihren eigenen Weg zu gehen. Ob Sie dabei die Stottererselbsthilfe noch brauchen?

Freude mit Menschen

Sie sind auch, wenn ich Sie hinter Ihren Zeilen richtig erkenne, einerseits so feinfühlig und andererseits so tatkräftig, daß Sie Ihr Leben bewältigen und noch viel Freude mit Menschen erleben werden, die Sie gerade dann am besten verstehen, wenn Sie wieder einmal ins Stottern geraten.

Sehbehindert –
Warum passieren mir immer solche Mißgeschicke?

Früher dachte ich immer, daß der einzige Mensch, der mir helfen kann, mein Augenarzt (und bestenfalls noch mein Optiker) ist. Ich bin nämlich stark sehbehindert, sehe auf dem einen Auge nur noch 20 Prozent, und das andere ist eher noch schlechter. Der Sehfehler kann durch meine Brille schon etwas korrigiert werden, aber ich sehe immer noch schlecht genug, finde ich. An und für sich habe ich mich schon lange mit meinem Schicksal abgefunden, so schlimm ist es ja auch wieder nicht. Ich habe eine gute (sichere!) Stelle als Telefonistin und einen relativ großen Bekanntenkreis, so daß mir nicht so schnell langweilig wird. Was mir immer wieder Probleme bereitet, ist das Zusammentreffen mit fremden Menschen, die ja nicht wissen, wie schlecht meine Augen sind. Um zu veranschaulichen, wie das manchmal ablaufen kann, möchte ich Ihnen so eine kleine alltägliche Begebenheit einmal schildern.

Probleme mit fremden Menschen

Es war Wochenende und strahlender Sonnenschein, und ich ging in einem nahegelegenen großen Park spazieren. Als ich so auf einer Bank saß und den schönen Blick auf den Fluß genoß und den Vögeln zuhörte, setzte sich eine ältere Frau (so um die 65-70 Jahre) zu mir und begann ein Gespräch mit mir. Ich hatte den Eindruck, sie würde sich einsam fühlen und würde sich gerne mal mit jemandem unterhalten. Wir führten ein interessantes Gespräch, und sie lud mich in ein Café ein, das direkt neben dem Park liegt. Tja, und hier fing es dann an mit den Peinlichkeiten. Es begann damit, daß ich die Getränkekarte nicht lesen konnte, weil es draußen bereits dämmerte und in dem Café das Licht noch nicht eingeschaltet war. Der Kellner trat ungeduldig von einem Bein auf das andere (es herrschte ziemlicher Betrieb), während ich verzweifelt versuchte, etwas entziffern zu können. Schließlich entschied ich mich für eine Tasse Kaffee, und meine neue Bekanntschaft machte ein beleidigtes Gesicht, weil sie mir extra vorher die reichhaltige und für dieses Café typische Teeauswahl ans Herz gelegt hatte. Aber was hätte ich denn sagen sollen? Ich hatte in dieser Situation einfach nicht den Mut, ihr zu sagen, daß ich die Karte nicht lesen konnte! Aber es geht noch weiter.

Viele Mißgeschicke

Ich entdeckte ein hübsches kleines Schälchen auf dem Tisch und wollte es mir näher anschauen. Schnell griff ich danach. Aber das Schälchen, das ich für leer gehalten hatte, war mit braunen Kandisstücken gefüllt gewesen, die jetzt auf der Tischdecke verstreut umherlagen. Mein Gegenüber sagte entsetzt: „Aber was machen Sie denn? Sie haben ja das Schälchen umgestoßen!". Auf meinen hilflosen Scherz, ich brauche ja keinen Kandiszucker für meinen Kaffee, warf sie mir nur einen mißbilligenden Blick zu. Verlegen begann ich, die Kandisstückchen von der Tischdecke aufzulesen. Von da an war die Situation nicht mehr zu retten, das vorhin so nette Gespräch wollte nicht mehr in Gang kommen, und ich fühlte mich immer unbehaglicher. Ich dachte „Jetzt hilft es auch nicht mehr, wenn ich ihr erzähle, daß ich sehbehindert bin". Als ihr Kännchen Tee kam, wollte ich ihr einen Gefallen tun und ihr einschenken, da sie schon etwas „zitterig" war. Auch das entpuppte sich als Fehler, denn ich schenkte ihr die Tasse viel zu voll ein (ich hatte es einfach nicht gesehen!). Das führte dazu, daß die alte Dame sich a) den Mund verbrannte b) sich heißen Tee über die Finger verschüttete. Können Sie sich vorstellen, wie ich mich gefühlt habe? Natürlich entschuldigte ich mich vielmals, wollte alles erklären, aber sie stand auf und ging entrüstet weg.

Bestimmt hat sie gedacht, ich wäre entweder „geistig unterbelichtet" oder entsetzlich tolpatschig und ungeschickt.

Peinliche Situationen

So extrem läuft das zwar nicht immer ab, aber peinliche Situationen habe ich schon oft genug erlebt (z.B. wenn ich Bekannte auf der Straße nicht erkenne und sie nicht grüße. Die sind dann oft sehr beleidigt und beachten einen wochenlang nicht mehr, wenn sich die Sache nicht zufällig aufklärt!).

Obwohl ich mir oft über die Konsequenzen im klaren bin, bringe ich es dennoch nicht fertig, die Leute über meine Behinderung, denn eine solche ist es ja wohl, aufzuklären. Eine Brille ist ja heutzutage etwas beinahe Normales, und manche können sich einfach nicht vorstellen, daß ich trotzdem sehr schlecht sehe!

Meine Frage an Sie: Wie kann ich lernen, offen über meine schlechten Augen zu sprechen? Und wie formuliert man das fremden Leuten gegenüber am besten? Ich wäre Ihnen sehr dankbar, wenn Sie mir da einige Tips geben könnten, denn so kann das einfach nicht weitergehen, ich werde ja immer unsicherer, und das müßte doch nicht sein, oder?

Antwort: **Bekennen Sie sich zu Ihrer Sehbehinderung!**

Eigentlich müßte ich Ihnen gar nicht schreiben, denn zwischen Ihren Zeilen spüre ich, daß Sie selbst sehr genau wissen, worauf es in Ihrer Situation ankommt.

Aber wenn Sie es schon hören wollen, dann kann ich Ihnen ja ganz klar sagen, wie Sie Ihre „Mißgeschicke" vermeiden können und künftig wohl auch vermeiden werden.

„Können Sie mir helfen?"

Also zu Ihrer netten Parkbekanntschaft hätten Sie natürlich spätestens beim Erhalt der Getränkekarte sagen müssen: „Können Sie mir helfen, ich bin stark sehbehindert". Dann wäre ja alles ganz anders gelaufen, und die „ältere Dame" wäre nicht nur nicht irritiert, sondern erfreut gewesen, Ihnen helfen zu können. Sie hätten auch unter Hinweis auf Ihre Sehbehinderung den Kellner bitten können, das Licht einzuschalten. Übrigens trage ich selbst für solche Situationen immer eine große Lupe mit mir herum. Ich bin nämlich – vielleicht überrascht Sie das – auch ziemlich sehbehindert (grauer Star) und kann Ihnen schon deshalb einigermaßen nachfühlen.

Solche Sachen wie das mit dem Zuckerschälchen passieren mir auch, aber ich habe mich daran schon (nach langen Jahren) ein bißchen gewöhnt, und schließlich gibt es ja wirklich noch schlimmere Dinge als ein paar verstreute Zuckerstückchen. Ich weiß, Ihnen ging es ja auch mehr um die dadurch verstärkten „Beziehungsstörungen", die dann ja auch nach dem verschütteten Tee eskalierten. Das bringt mich auf den Gedanken, ob vielleicht gar nicht Ihre Sehbehinderung Hauptursache Ihrer Probleme ist, sondern Ihre Schüchternheit oder Zurückhaltung, die Sie hindert, sich vor anderen zu Ihrer Sehschwäche zu bekennen.

Während aber Ihre Sehbehinderung – wenn ich das richtig verstehe – weder durch Operation noch durch

Brille zu beheben ist, können Sie durchaus etwas tun, um Ihre „Scheu" zu überwinden. Vielleicht kann ich Ihnen nun doch noch ein paar allgemeine und spezielle Tips geben:

Beschränken Sie Ihre mitmenschlichen Kontakte nicht auf „gute Bekannte", sondern nutzen Sie natürliche Gelegenheiten wie in Bus und Bahn, im Restaurant und beim Einkaufen, mit anderen Menschen ins Gespräch zu kommen. Nehmen Sie sich vor, jeden neuen Gesprächspartner beim ersten Auftreten eines „Sehproblems" auf Ihre Sehbehinderung aufmerksam zu machen. Versuchen Sie nie, Erkennen vorzutäuschen, wenn Sie jemand auf ein für Sie nicht oder nicht ausreichend sichtbares Objekt, ein Segelflugzeug am Sommerhimmel, eine Inschrift an einer Hauswand, eine Gemse am Berghang, hinweist. Lupe und Taschenlampe sollten auch für Sie zu ständigen Begleitern werden. Setzen Sie sich im Restaurant möglichst immer an einen gut beleuchteten Fensterplatz. Studieren Sie vor dem Besuch einer fremden Stadt zu Hause (bei bester Beleuchtung) den Stadtplan, damit Sie nicht auf Straßenschilder angewiesen sind (gleiches gilt für Fahrpläne). Gewöhnen sie sich an, sich beim Wählen einer Telefonnummer die Stellung der einzelnen Ziffern auf der Wählscheibe oder Tastatur einzuprägen, damit Sie auch in einer dunklen Telefonzelle zurechtkommen. Schenken Sie Ihrer Freundin, die Ihnen schon immer mit der Schreibmaschine lange Briefe schreibt, ein neues Farbband, damit Sie es beim Lesen etwas leichter haben. Und sagen sie ihr ruhig den Grund, denn ein Mensch mit vollem Sehvermögen kann sich auch beim Wissen um die Sehbehinderung seines Partners nicht vorstellen, von welchen „Kleinigkeiten" seine Probleme abhängen.

Wenn Sie sich immer mehr solche Verhaltensweisen angewöhnen, helfen Sie damit nicht nur sich selbst und

Ihren Bekannten zum besseren Verständnis, sondern tragen ganz allgemein zu einem besseren Miteinander von Behinderten und Nichtbehinderten bei.

Körperbehindert –
Warum plage ich mich überhaupt auf dieser Schule weiter ab?

„Eigentlich müßtest Du heilfroh sein, es bis hierhin geschafft zu haben!" sagen mit vorwurfsvollem Unterton einige meiner Lehrer (nicht alle!), wenn ich mich über meine schulische Situation beklage. Was nicht unbedingt falsch ist, denn ich war sehr stolz, als ich den „Sprung" in die Regelschule gepackt hatte. Aber ich erzähle lieber mal der Reihe nach, denn sonst wird es so konfus, wie meine Bewegungen manchmal sind...

Ich wurde aufgrund eines Sturzes meiner Mutter im 7. Monat geboren, zudem fiel, als ich mit dem Rettungswagen in die Klinik gebracht wurde, die Sauerstoffversorgung des Brutkastens aus. Diesen zwei unglücklichen Umständen verdanke ich es, daß ich eine infantile Cerebralparese habe, also, auf deutsch gesagt, ich bin schwer spastisch gelähmt. Glücklicherweise steckten mich meine Eltern, obwohl ich kaum krabbeln und nicht sprechen konnte, in einen „normalen" Kindergarten, so daß ich eigentlich von klein auf gewohnt war, mit nichtbehinderten Kindern zu spielen. Mit sieben Jahren kam ich in eine Heimsonderschule für körperbehinderte Kinder. Hier hatte ich anfangs großes Heimweh und fühlte mich auch ansonsten nicht so besonders wohl. Was mich sehr störte, war, daß zwischen den Bewohnern des Hauses und der Außenwelt praktisch keine Kontakte existierten. Das änderte sich zunächst auch nicht, als ich mit 12 Jahren in ein riesiges, neu erbautes Rehabilitationszentrum für körperbehinderte Kinder und Jugendliche kam. Als es mir nach zwei Jahren eine Operation ermöglichte, viel deutlicher zu sprechen und meine Bewegungen mehr unter Kontrolle zu halten, war für mich eine große Hemmschwelle gegenüber meiner nichtbehinderten Umwelt abgebaut. Ich nahm an „gemischten Ferienfreizeiten" teil, wurde mit Nichtbehinderten zusammen konfirmiert und gewann langsam aber sicher auch feste Freunde außerhalb des Zentrums.

„Sonder"-Schule

Ich lernte mit einem Mädchen von „außerhalb" Französisch, schrieb Arbeiten mit den gleichen Themen wie das örtliche Gymnasium und fragte mich allmählich, warum ich denn auf einer „Sonder"-Schule wäre. Sicherlich benötige ich eine Schreibmaschine oder eine Schreibhilfe, aber eigentlich, so dachte ich, müßten sich diese rein technischen Probleme doch aus der Welt schaffen lassen. Meine Zweifel verfestigten sich, als ich in die gymnasiale Oberstufe kam und aufgrund von nur sechs (!) Schülern in meinem Jahrgang nur die „Wahl" zwischen zwei Leistungskursen hatte, die mir fachlich überhaupt nicht lagen. Also beschloß ich, die Schule zu wechseln. Jetzt bin ich auf einer Regelschule, einem Gymnasium. An der Schule sind insgesamt etwa zehn Prozent körperbehinderte Jugendliche. Das Gebäude ist behindertengerecht (d.h. alle Türen, incl. Toilettentüren sind breit genug für einen Rollstuhl, und es steht ein Aufzug zur Verfügung). Die Schule ist 400 km von meinem Heimatort entfernt, und ich wohne in einer „Testwohnung". Diese Wohnung ist zwar in ein Internat integriert, aber im Prinzip leben wir wie jede andere Wohngemeinschaft auch, kochen uns selber, putzen, kaufen ein, etc. Für Dinge, die wir nicht können, steht uns ein ZDLer zur Verfügung, den wir allerdings mit einer anderen WG teilen.

Der Schul- und Ortswechsel war ziemlich schwierig für mich. Bei meinem Abschied vom Rehabilitationszentrum hörte ich häufig: „Wart's ab, Du wirst bald wieder zurückkommen." Aber irgendwie wollte ich es mir und den anderen beweisen und schaffte es auch.

Die Anforderungen in der Schule waren sehr hoch und ich „schuftete" schwer. Aber ich lebte in der Gewißheit, keine Sonderstellung mehr einzunehmen und endlich irgendwo integriert zu sein.

Preis der „Freiheit"

Wenn ich bei alten Freunden zu Besuch war, erzählte ich, zwar zufrieden, aber dennoch realistisch, wie ich jetzt lebe, allein einkaufe, ins Kino gehe, Zug fahre, usw. Tja, und da machte ich nun die Erfahrung, daß diese Vorstellung meine früheren Mit-Behinderten überhaupt nicht beeindruckte, im Gegenteil, viele fanden den Preis zu hoch für meine Freiheit. „Viel zu anstrengend, was hast Du denn davon, das bringt doch nichts, das Abi ist doch dasselbe und wir sind hier unter uns und werden von niemandem dauernd angemacht, weil wir nicht so schnell eine Flasche Bier aufkriegen." Das und so ähnliche Sachen bekam ich zu hören. Und jetzt frage ich mich: Hat es wirklich einen Sinn, daß ich mich hier so anstrenge, mein Abi auf einer allgemeinbildenden Schule zu machen und auch ansonsten in die Gesellschaft integriert zu werden? Ich spüre wenig Solidarität und frage mich, ob das ganze Integrations-Getue nicht eine einzige Farce ist und nicht im Sinne der Betroffenen! Oder sind die Behinderten durch ihre Spezial-Erziehung schon so beeinflußt, daß sie ihren Isolationszustand als angenehm empfinden und ihn akzeptieren? Ich bin jetzt sehr hin- und hergerissen. Einerseits fühle ich mich in meiner Situation recht wohl, auch wenn ich viel arbeiten muß. Andererseits habe ich keine Lust, in so eine Einzelkämpfer-Rolle hineingedrängt und dazu noch von allen Seiten kritisiert zu werden. Manchmal möchte ich alles hinschmeißen, aber ich will studieren, und das motiviert mich dann, weiterzumachen.

Also so sieht's aus, und ich wüßte jetzt gern, was Sie davon halten, oder ob Sie andere Jugendliche kennen, die ähnliche Probleme haben.

Antwort: **Was sich lohnt – nur selten meßbar**

Läßt sich das überhaupt entscheiden, ob Sie recht haben oder Ihre ehemaligen Schulkameraden im Rehabilitationszentrum, die eine „Vollversorgung" der „Plackerei" draußen vorziehen? Jeder muß schließlich seinen Weg gehen, und Sie haben doch schon relativ früh gewagt, dies zusammen mit Nichtbehinderten und im Wettstreit mit ihnen zu versuchen, so daß ich Ihnen nicht raten möchte, jetzt umzukehren.

Sie müssen durchhalten

Da gibt es ja einige Situationen in Ihrer bisherigen Entwicklung, die mir deutlich machen, daß Sie durchaus die Kraft besitzen, die einmal getroffene Entscheidung trotz aller Hindernisse und Zweifel durchzuhalten. Denken Sie einmal zurück, daß Sie – auch Ihre Eltern waren mutig – schon im Kindergarten die erste Bewährungsprobe eines schwer körperbehinderten Kindes in der „Konkurrenz" leichtfüßiger, handgeschickter und redegewandter Spielkameraden bestanden haben. Und Sie haben doch sowohl in der Heimsonderschule für Körperbehinderte wie anfangs im Rehabilitationszentrum unter der Isolation und Segregation gegenüber der „Außenwelt" gelitten. Den Schritt in die integrierte Schule haben Sie doch nicht aus einer Augenblickslaune heraus gewagt, sondern deshalb, weil Sie – nach Operation und sicher unsäglich hartem Training – die Kraft fühlten, ein beschwerliches (und beglückendes) „Miteinander" dem „Nebeneinander" einer Sonderbeschulung vorzuziehen.

Sie haben das ja nur angedeutet, aber ich kann mir schon vorstellen, wie das läuft, wenn Sie von der 400 km entfernten Schule nach Hause fahren. Da müssen Sie rechtzeitig Ihren Zivildienstleistenden bitten, Sie zur Bahn zu fahren, dann müssen Sie sich für jede Umsteigestation die Bahnhofsmission bestellen, und dann muß jedesmal der Rollstuhl zusammengeklappt und verstaut und dann wieder ausgeladen und aufgeklappt werden, und schließlich können Sie nur noch hoffen, daß Ihre Eltern auch rechtzeitig auf dem Bahnsteig stehen, um Sie abzuholen. Wer so viel Energie aufbringt, dies alles zu organisieren und zu meistern – vom Alltag in der Wohngemeinschaft ganz abgesehen – der schafft auch die überschaubaren Probleme bis zum Abitur.

Nicht zu weit vorplanen

Was dann kommt? Die verschiedenen Stationen Ihrer Schullaufbahn zeigen, daß Ihre Eltern – wie die meisten Eltern behinderter Kinder – nicht für lange im voraus planen konnten, sondern jeweils neu entscheiden mußten – offenbar bald zusammen mit Ihnen. Bis zum Abitur schaffen Sie es, und dann wird man weiter sehen.

Weil Sie jedoch nach meinen Erfahrungen fragen: ich weiß, daß eine große Zahl behinderter Jugendlicher die mühsame „Integrationstour" nicht nur bis zum Abi durchgehalten, sondern auch ein Studium gemeistert haben. Darunter sind zahlreiche Körperbehinderte, hochgradig Sprachbehinderte, Blinde, Sehbehinderte, Schwerhörige, sogar einige Gehörlose haben das bewältigt.

Aber wie gesagt, jetzt geht's mal bis zum nächsten Etappenziel, und ob Sie dann studieren oder nicht – wer schon so viele Schwierigkeiten überwunden hat wie Sie, kann sich in sehr verschiedenen Berufen bewähren und damit auch verwirklichen – letzteres allerdings nicht nur im Beruf.

Lernbehindert –
Warum bekomme ich keine Arbeit?

Ich bin jetzt 22 Jahre alt und habe vor etwas mehr als einem halben Jahr meine Gesellenprüfung gemacht. Ich habe bei einem Bäcker gelernt. Er sagt, er kann mich nicht behalten, und jetzt bin ich arbeitslos.

Das Schlimme ist, daß meine Eltern und alle Bekannten sagen, daß es aussichtslos ist. Weil ich nämlich auf einer Lernbehindertenschule war. Ich hatte immer Schwierigkeiten in der Schule und war schon zweimal sitzengeblieben. Mit 11 kam ich in eine Lernbehindertenschule. Dort ging es dann besser, und ich hatte sehr nette Lehrer. Ich bekam bessere Noten und hatte keine Angst mehr vor der Schule. Außerdem habe ich viele neue Freunde gefunden.

Früher haben die anderen Kinder mich als ausgelacht, wenn jedes zweite Wort im Diktat falsch war oder ich die Textaufgaben nicht verstanden habe. Aber meine Eltern haben eben nicht soviel Zeit, um uns allen bei den Hausaufgaben zu helfen, wir sind nämlich sechs Kinder zu Hause. Deswegen wäre es ja auch so wichtig, daß ich arbeiten kann und Geld verdiene. Ich war so froh, als alles auf der neuen Schule besser war, und jetzt ist alles schlimmer als vorher.

Aushilfsarbeiten

Ab und zu kann ich im Betrieb von meinem Onkel aushilfsweise arbeiten, aber ich verdiene nicht viel, und es macht mir keinen Spaß. Ich würde viel lieber als Bäckergeselle arbeiten. Natürlich weiß ich auch, wieviel andere Jugendliche im Moment arbeitslos sind. Aber ich glaube, daß es für mich noch schlechter aussieht, weil ich eben auf der „Dummenschule" war. Der Bäckermeister, bei dem ich gelernt habe, sagt, ich würde meine Arbeit so gut wie jeder andere machen. Aber das glauben die anderen Leute anscheinend nicht. Sie sind immer sehr freundlich, aber wenn sie hören „Lernbehindertenschule", ist schon alles klar. Vielen von meinen früheren Schulkameraden geht es genauso. Nur wenige haben inzwischen eine richtige Arbeitsstelle.

Liegt das nun an unserer Schule oder an uns? Oder an den anderen Leuten?

Vielleicht können Sie mir sagen, was ich machen soll. Ich bin schon ganz verzweifelt und weiß nicht, wie es weitergehen soll. Stimmt es, daß ich sowieso nie eine Stelle bekommen werde?

Antwort: **Sie werden es schaffen**

Daß Sie die Gesellenprüfung als Bäcker bestanden haben, finde ich prima. Ich weiß, daß dies für einen ehemaligen Schüler der Sonderschule für Lernbehinderte eine besondere Leistung darstellt, die sicher mit viel Fleiß und Anstrengung verbunden war.

Auch die Äußerung Ihres Meisters, daß Sie gute Arbeit leisten, ist für mich ein Beweis Ihrer Tüchtigkeit.

Handwerk hat Zukunft

Aber nicht nur deshalb bin ich überzeugt, daß Sie bald Arbeit in Ihrem erlernten Beruf finden werden. Gerade in jüngster Zeit erkennen immer mehr Menschen, daß „Fabrikbrot" und andere industrielle gefertigte Backwaren in geschmacklicher Hinsicht und wegen der Haltbarkeitsprobleme bei langen Lieferwegen manche Wünsche offen lassen. Deshalb ist eine zunehmende Zahl vor allem junger Menschen bereit, für handwerklich gefertigte Backwaren den notwendigerweise gegenüber Fabrikware etwas höheren Preis zu bezahlen.

Andererseits wurde der Beruf des Bäckers in den letzten Jahren von relativ wenigen Jugendlichen gewählt; teils wegen der Beschwernisse mit der Arbeitszeit (frühes Aufstehen, deshalb wenig Freizeitgestaltung am Abend möglich), teils wegen falsch eingeschätzter Berufsaussichten.

Dies zusammengenommen, Ihre Tüchtigkeit, der Trend zu handgefertigten Backwaren und ein absehbarer Mangel an Fachkräften im Bäckergewerbe begründen meinen Optimismus für Ihre Zukunft.

Ich finde es allerdings sehr gut, daß Sie nicht untätig darauf warten, bis Ihnen Ihre „Wunschstellung" präsentiert wird. Immerhin haben sie ja gelegentlich die Aushilfstätigkeit im Betrieb Ihres Onkels übernommen. Daß Ihnen das – zumal bei der offenbar geringen Bezahlung – wenig Spaß macht, kann ich gut verstehen.

Übergangslösung

Aber vielleicht finden Sie in einem anderen Betrieb – etwa als Hilfsarbeiter in der Industrie – eine Tätigkeit, die Ihnen einigermaßen gefällt, bei der Sie etwas mehr als bisher verdienen, und mit der Sie die Zeit überbrücken können, bis Sie eine Stelle als Bäckergeselle bekommen.

Bei der Suche nach einer Übergangsstelle und nach einer „Lebensstellung" sollten Sie sich weder von Verwandten noch Bekannten mutlos machen lassen. Heute kommt es nicht mehr darauf an, auf welcher Schule Sie als Kind waren, sondern daß Sie einen guten, aussichtsreichen Beruf erlernt, die Gesellenprüfung bestanden und auch in der Praxis bewiesen haben, daß Sie gute Arbeit leisten können.

3. Fakten und Hilfen

Wir haben gesehen: Behinderte bewältigen ihr Schicksal. Sie überwinden die Selbstfindungskrise ihrer Jugend, bewähren sich im Alltag und sind auch in kritischen Situationen – wenn sie um Rat fragen – meist schon „auf dem richtigen Weg".

Behinderte brauchen Verständnis

Aber all dies heißt nicht, daß sie ohne uns auskommen. Sie brauchen manchmal unsere Hilfe, immer aber unser Verständnis für ihre besondere Situation. Deshalb ist es wichtig, daß wir uns informieren über Behinderungen und über Möglichkeiten der Hilfe und Unterstützung.

Gehörlose

In der Bundesrepublik Deutschland gibt es ca. 30 000 Gehörlose, dies entspricht 0,05% der Bevölkerung (ein Gehörloser auf 2000 Einwohner).

Rechtzeitige Sprachanbildung

Die Folgen der Gehörlosigkeit sind umso schwerwiegender, je früher sie eintritt und je später sie erkannt und sonderpädagogisch behandelt wird. Bei angeborener oder in den ersten Lebensjahren erworbener Gehörlosigkeit kann sich ohne sonderpädagogische Betreuung die Lautsprache nicht entwickeln, aus der Gehörlosigkeit wird also eine Taubstummheit.

Für ein gehörloses Kind ist es deshalb von schicksalhafter Bedeutung, ob seine Behinderung rechtzeitig erkannt und eine gehörunabhängige Sprachausbildung durchgeführt wird (Ablesen der Sprache von den Lippenbewegungen, Kontrolle eigener Sprechbewegungen über Tast-und Vibrationssinn, Nutzung von Hörresten durch Hörapparate).

Gehörlosen kann man helfen, indem man sie nicht für „taubstumm" hält, sondern ins Gespräch einbezieht. Sie können uns verstehen, wenn wir langsam und deutlich, in einfachen, kurzen Sätzen sprechen und dabei darauf achten, daß unser Gesicht gut beleuchtet ist, damit sie von den Lippen „ablesen" können. Und auch wir können Gehörlose verstehen, wenn wir uns an ihre manchmal ungewöhnliche Sprechweise gewöhnt haben und die Geduld nicht verlieren, wenn ein Gespräch ein bißchen länger als sonst dauert.

Schwerhörige

Es gibt etwa 180.000 schwerhörige Menschen in der Bundesrepublik, dies entspricht 0,3% der Bevölkerung (ein Schwerhöriger auf ca. 350 Einwohner).

Die Entdeckung der Schwerhörigkeit im Kindesalter ist außerordentlich schwierig, weil sie meist nur mit Hörprüfgeräten und unter Einsatz bestimmter Methoden exakt festgestellt werden kann. Deshalb gelten viele schwerhörige Kinder fälschlicherweise oft jahrelang als „Spätentwickler" oder „Lernbehinderte", bis man die eigentliche Ursache ihres Rückstandes insbesondere in der Sprachentwicklung findet.

Bei rechtzeitiger Erfassung eines schwerhörigen Kindes können die schwerwiegenden Folgen der Hörbehinderung für die sprachliche, geistige und soziale Entwicklung durch Einsatz von elektroakustischen Hörhilfen und spezielle Fördermaßnahmen gemildert oder gar vermieden werden.

Technische Hilfen

Auch für erwachsene Schwerhörige und insbesondere die zahlreichen Altersschwerhörigen gibt es heute wirksame technische Hilfen wie Hörbrillen, HDO-Geräte (die hinter der Ohrmuschel getragen werden) und Taschenhörgeräte.

Entgegen der landläufigen Meinung sind viele Schwerhörige besonders lärmempfindlich. Deshalb ist es auch völlig falsch, ihnen ins Ohr zu schreien (das tut ihnen weh und verhindert das zusätzliche „Lippenlesen"). Mit Schwerhörigen sollte man also in normaler Lautstärke sprechen und darauf achten, daß sie die Gesichter aller Gesprächspartner gut sehen können. Wenn ihr Hörgerät pfeift (akustische Rückkopplung), ohne daß sie es bemerken, sollte man ihnen einen entsprechenden Hinweis geben, damit sie es „abstellen" können (durch leichtes Drücken auf das Ohrpaßstück oder durch Drehen am Lautstärkeregler).

Sprachbehinderte

Nach den Untersuchungen des Deutschen Bildungsrates gibt es in der Bundesrepublik ca. 6.000 Sonderschulplätze für Sprachbehinderte, 25.000 wären nötig. Unter 100 Schulanfängern finden sich durchschnittlich 10 sprachauffällige Kinder, 1-2 von ihnen sind in engerem Sinne sprachbehindert.

Stammeln und Stottern

Die häufigste Sprachstörung ist das Stammeln. Man versteht darunter die Unfähigkeit, bestimmte Laute oder Lautverbindungen auszusprechen oder richtig nachzubilden.

Die häufigsten Stammelformen sind:
S-Fehler (als Lispeln oder Anstoßen bezeichnet), G-Fehler, R-Fehler und Näseln. Während es sich beim Lispeln und Näseln meist um Falschbildungen handelt, treten G-Fehler und R-Fehler häufiger in der Form von Ersatzbildungen auf, z.B. „Dabel" statt „Gabel", „Holler" statt „Roller".

Nicht ganz so häufig wie das Stammeln ist das Stottern. Man versteht darunter eine Störung des Redeflusses, bei der das normale Zusammenspiel von Atmung, Stimmgebung und Lautbildung nicht gelingt. Es gibt zwei Hauptarten von Stottern, das Preßstottern (z.B. Mmmmmmutter) und das Wiederholungsstottern (z.B. Mumumumutter). Der Beginn des Stotterns fällt häufig mit Entwicklungskrisen zusammen, vor allem dem ersten Trotzalter im dritten Lebensjahr, der Einschulungszeit und der Reifezeit. Unter Jungen findet sich Stottern etwa dreimal häufiger als bei Mädchen. Über die Ursache des Stotterns gibt es verschiedene Meinungen, doch gilt als sicher, daß es in den meisten Fällen durch psychische Faktoren ausgelöst wird.

Die Verständigung mit stammelnden Kindern und Erwachsenen ist meist ohne besondere Probleme möglich, bei Stotterern gibt es jedoch zuweilen Schwierigkeiten. Auf keinen Fall sollte man den stotternden Partner auffordern, langsam zu sprechen; das würde lediglich die Unsicherheit verstärken. Starres Fixieren ist ebenso verkehrt wie verlegenes Wegschauen; man muß sich bemühen, den Blickkontakt möglichst normal zu gestalten. Vom stotternden Partner begonnene Sätze sollte man nicht selbst zu Ende führen, aber gelegentlich kann es hilfreich sein, ihn beim Gespräch zu unterbrechen, um ihm so eine „Atempause" zu ermöglichen. Vor allem ist es wichtig, stotternde Menschen immer wieder auch ins Gespräch einer Gruppe einzubeziehen und ihnen – ohne Worte – zu zeigen, daß auf ihre Meinung Wert gelegt wird (schließlich ist ja bekannt, daß „Stotterer" in der Regel besonders intelligent sind).

Blinde

In der Bundesrepublik Deutschland gibt es etwa 1000 blinde Kinder und Jugendliche (ca. 0,012% der Bevölkerung). Die relative Häufigkeit der Blindheit nimmt mit steigendem Alter zu, weil Blindheit als Folge von Kriegsverletzungen und Unfällen noch weitaus häufiger ist als angeborene Blindheit. Von den vielfältigen Aspekten der Blindenbildung sei hier nur auf die Bereiche Mobilitätserziehung, Blindenschrift und Begabtenförderung verwiesen.

Mobilitätserziehung

Die Mobilitätserziehung (Bewegungstraining) versucht, die bei Blinden stark eingeschränkte Orientierungs- und Bewegungsfähigkeit durch bestimmte Übungsprogramme und unter Einsatz technischer Hilfen zu fördern und psychophysische Beeinträchtigungen (Ängstlichkeit, Bewegungsscheu, Stoffwechselstörungen) zu vermeiden. Durch moderne Methoden gelingt es heute, Blinde weitgehend selbständig und unabhängig zu machen (deshalb sieht man heute auch den früher unentbehrlichen „Blindenhund" immer seltener).

In der Geschichte der Blindenbildung hat es immer wieder Versuche gegeben, tastbare Schriftsysteme für Blinde zu entwickeln. Heute hat sich weitgehend die 6-Punkte-Schrift von *Louis Braille* (1809-1852) durchgesetzt, bei der jeder Buchstabe durch eine bestimmte Punktkombination dargestellt wird. Die Herstellung von Punktschriften kann von Hand oder maschinell erfolgen, indem die Punktkombination so in Papier eingedrückt wird, daß die Erhöhungen auf der anderen Papierseite als Buchstaben ertastet und so mit der Hand gelesen werden können.

Die Weiterentwicklung der Blindenbildung hat dazu geführt, daß Blinde heute nicht mehr auf die klassischen „Blindenberufe" (Bürstenmacher, Korbflechter) angewiesen sind, sondern eine ihrer Begabung entsprechende Ausbildung erhalten. Blinde können nicht nur die mittlere Reife oder das Abitur erreichen, sondern auch studieren; und es gibt in der Bundesrepublik blinde Juristen, Theologen und Philologen, die zeigen, daß blinde Menschen ihr Schicksal meistern und sich auch im beruflichen Leben durchsetzen können. Dies beweisen jedoch nicht nur die blinden Akademiker, sondern jene zahlreichen blinden

Telephonisten, Kontoristen und Phonotypisten, die in vielen Betrieben arbeiten.

Hilfe nicht aufdrängen!

Wer blinden Menschen helfen will, muß sich davor hüten, ihr empfindsames Selbstgefühl zu verletzen. Deshalb darf man Hilfe nicht aufdrängen und sollte sie auch nur dann anbieten, wenn der Blinde ganz offensichtlich Unterstützung braucht. Dies ist meist nur bei turbulenten Situationen im Straßenverkehr oder in unbekannten Gebäuden der Fall. Gewohnte Wege können Blinde meist ohne Hilfe bewältigen, es sei denn, daß durch besondere Umstände, z.B. eine Baustelle, unerwartete Hindernisse auftreten.

Sehbehinderte

Die Gesamtzahl der sehbehinderten Menschen in der Bundesrepublik beträgt ca. 180.000; dies bedeutet, daß unter etwa 350 Einwohnern einer sehbehindert im gemeinten Sinne ist. Nicht zur Sehbehinderung zählen die zahlreichen Sehschwächen, die mit einer Brille ganz oder teilweise ausgeglichen werden können. Als sehbehindert werden also nur solche Menschen bezeichnet, die trotz einer Sehhilfe die Werte einer normalen Sehfähigkeit nicht erreichen.

Im Gegensatz zu Blinden können Sehbehinderte die wichtigsten Informationen aus der Umgebung noch über das Auge wahrnehmen. Vor allem sind sie in der Lage, sich bei Tageslicht oder guter künstlicher Beleuchtung relativ sicher zu bewegen. Während der Schul- und Berufsausbildung brauchen sie allerdings besondere Hilfen, sei es durch individuelle Betreuung, sei es über spezielle Medien wie etwa Schriftvergrößerungsgeräte oder großformatige Modelle.

Schwierigkeiten können besonders dann auftreten, wenn Sehbehinderte optische Hinweise, z.B. auf Schildern, nicht erfassen. Störend wirkt auch, daß sie mit ihrem Gesprächspartner nicht in den üblichen Blickkontakt treten können und kleine mimische Veränderungen nicht bemerken, die aber zum richtigen Verstehen des Gesagten wichtig sind.

Hilfsbereitschaft

Diese speziellen Probleme weisen schon in die Richtung möglicher Hilfestellung. Wer beobachtet, wie sich ein Sehbehinderter vor der Fahrplantafel abplagt, sollte seine Hilfe anbieten. Auch im Kaufhaus kann man hilfsbereit einspringen, wenn ein anderer Kunde die kleinen oder schwach gedruckten Preisangaben nicht entziffern kann. Und wenn ein Sehbehinderter eine ironisch gemeinte Bemerkung falsch versteht, weil er den Gesichtsausdruck nicht erkennen konnte, sollte man ihm eine entsprechende Erklärung geben. Letzteres ist allerdings relativ selten nötig, da Sehbehinderte (wie Blinde) ein besonderes „Gespür" für den Tonfall einer sprachlichen Äußerung haben.

Körperbehinderte

In der Bundesrepublik gibt es etwa 180.000 Körperbehinderte, also 0,3% der Bevölkerung (ein Körperbehinderter auf je 350 Einwohner).

Als „körperbehindert" werden Menschen bezeichnet, deren Bewegungssystem so beeinträchtigt ist, daß sie ihre Gliedmaßen nur schwer oder gar nicht zum Hantieren oder Fortbewegen verwenden können. Auch wer durch Mißbildungen auffällig ist, gilt als Körperbehinderter.

Im einzelnen gehören zur Körperbehinderung Lähmung, z.B. aufgrund von Kinderlähmung (Poliomyelitis), Hirnschädigung (Zerebralparese), Muskelschwund (Muskeldystrophie), ferner Formveränderungen der Wirbelsäule (Knochenmarkentzündung [Osteomyelitis], Tuberkulose, Hüftgelenksentzündung oder angeborene Rückgratverkrümmung), sowie angeborene Mißbildungen wie Spaltbildungen („Hasenscharte" oder „Wolfsrachen"), Wasserkopf (Hydrozephalus), Fehlformen der Gliedmaßen (Dysmelien oder Phokomelien).

Hilfen für Rollstuhlfahrer

Besonders die Rollstuhlfahrer unter den Körperbehinderten sind gelegentlich auf Mithilfe angewiesen, z.B. bei der Benutzung öffentlicher Verkehrsmittel oder auch zur Überwindung der Bordsteinkanten, die leider vielerorts noch nicht abgeschrägt sind. Durch ungeschicktes Bewegen des Rollstuhls kann man den Behinderten allerdings auch in Gefahr bringen; deshalb sollte man ihn vor der Hilfeleistung unbedingt fragen, wie der Rollstuhl am besten gekippt oder gehoben werden kann.

Lernbehinderte

Die Zahl der Kinder, die als „lernbehindert" bezeichnet werden, hat in der Bundesrepublik in den letzten Jahren stark zugenommen. Heute sind es schon ca. 3% eines schulpflichtigen Jahrgangs.

Als Ursache einer Lernbehinderung lassen sich nur selten Erb- oder Krankheitsfaktoren nachweisen, häufig spielen soziale Gegebenheiten und Erziehungsfehler eine bedeutsame Rolle. Insbesondere in den ersten Lebensjahren kann durch Mangel an personaler Zuwendung, an sprachlicher und geistiger Anregung ein nicht aufholbarer Entwicklungsrückstand eintreten.

Dementsprechend sind zur Vorbeugung gegen Lernbehinderung folgende Maßnahmen notwendig:

1. Aufklärung der Öffentlichkeit über Entstehungsbedingungen von Lernbehinderung.
2. Intensive persönliche Zuwendung zum Kind von seinen ersten Lebenstagen an.
3. Förderung der geistigen Fähigkeiten des Kindes im Säuglings-, Kleinkind-, Vorschul- und Schulalter.
4. Pflege der Sprachentwicklung vom „Lallen" des Säuglings über seine ersten Wörter bis zu Kinderreimen und Kinderliedern.

Vor Diskriminierung schützen

Lernbehinderten Kindern und Jugendlichen kann man vor allem dadurch helfen, daß man sie vor Diskriminierung als „Sonderschüler" schützt und Gleichaltrige dazu bringt, sie in ihre Freizeitaktivitäten mit einzubeziehen. Erwachsene „ehemalige" Lernbehinderte brauchen in der Regel keine besondere Hilfestellung, es sei denn, daß man ihnen als Arbeitskollege eine ungewohnte Tätigkeit besonders ausführlich erklärt oder einigemale vormacht, natürlich nur, wenn dies unbedingt notwendig erscheint oder wenn sie darum bitten.

Geistigbehinderte

In der Bundesrepublik Deutschland gibt es etwa 360.000 geistigbehinderte Menschen; dies bedeutet, daß unter 175 Einwohnern ein Geistigbehinderter ist.

Mit dieser Bezeichnung sind Menschen gemeint, die in ihrer seelisch-geistigen Entwicklung und in ihrer Lernfähigkeit so stark beeinträchtigt sind, daß sie voraussichtlich ihr ganzes Leben lang auf besondere Hilfe durch andere Menschen angewiesen bleiben. Oft sind mit der geistigen Behinderung Sprachstörungen, Bewegungsauffälligkeiten oder Störungen der sozialen und emotionalen Entwicklung verbunden.

Auch bei einem geistigbehinderten Kind können durch rechtzeitige und intensive sonderpädagogische Förderung Erfolge insbesondere im Bereich lebenspraktischer Fähigkeiten erzielt werden. So lernen Geistigbehinderte, einfache schriftsprachliche Begriffe ("Schilderlesen") zu verstehen, ihren Namen zu schreiben und sich durch Malen und Gestalten auszudrücken. Durch intensives Training in einer "Werkstätte für Behinderte" können sie auch befähigt werden, eine einfache Handarbeit auszuführen und einen Teil zu ihrem Lebensunterhalt beizutragen.

Noch wichtiger aber ist die Förderung der sozialen Entwicklung Geistigbehinderter im Sinne von Gemeinschaftsfähigkeit und Selbständigkeit.

Kontakte notwendig

Hier kommt es besonders darauf an, daß Geistigbehinderte nicht allein auf „öffentliche Institutionen" angewiesen sind, sondern bei ihren Mitmenschen Aufgeschlossenheit, Gesprächsbereitschaft und Kontakt finden. Das bleibt dann keine einseitige „Hilfestellung"; wer geistigbehinderte Menschen näher kennen lernt, kann erleben, daß sie – wie andere Behinderte auch – ihr Schicksal durchaus meistern und mit ihrem Lebensmut und Durchhaltevermögen zum Vorbild und Ansporn, also für uns alle wirklich zur „Lebenshilfe" werden.

4. Anschriften von Bundesverbänden zur Selbsthilfe und Förderung Behinderter

Allergiker- und Asthmatikerbund e.V.
Hindenburgstr. 110, 4050 Mönchengladbach 1, Tel. 02161/10207
Zeitschrift: „Der Allergiker"

Arbeitsgemeinschaft Allergiekrankes Kind – Hilfen für Kinder mit Asthma, Ekzem oder Heuschnupfen e.V.
Hauptstr. 29 II, 6348 Herborn, Tel. 02772/41237
Zeitschrift: Informationsblatt

Arbeitsgemeinschaft Spina bifida und Hydrocephalus e.V.
Kaiserstr. 6, 5750 Menden, Tel. 02373/10183
Zeitschrift: ASbH-Brief

Bundeselternvereinigung für anthroposophische Heilpädagogik und Sozialtherapie e.V.
Obersondern 6, 5600 Wuppertal 23, Tel. 0202/6 10 67-69
Post: Frau Michels, Im Niederfeld 4, 4040 Neuß

Bundesverband der Eltern körpergeschädigter Kinder e.V.
– Contergan-Kinderhilfswerk –
Neufelder Str. 19, 5000 Köln 80, Tel. 0221/681068

Bundesverband der Herz- und Kreislaufbehinderten anti infarkt club e.V.
Schweizer Str. 23, 4190 Kleve 1, Tel. 02821/22538
Zeitschrift: Herz & Gesundheit

Bundesverband der Kehlkopflosen e.V.
Luisenstr. 20, 6440 Bebra 1, Tel. 06622/2945 u. 1823 v. Mo.-Fr. 9-13 Uhr
Zeitschrift: Das Sprachrohr

Bundesverband für die Rehabilitation der Aphasiker e.V.
Breslauer Str. 3, 5042 Erfstadt-Liblar, Tel. 0 22 35/27 68
Zeitschrift: „Aphasie"

Bundesverband für spastisch Gelähmte und andere Körperbehinderte e.V.
Kölner Landstr. 375, 4000 Düsseldorf 13, Tel. 02 11/75 00 68-69
Zeitschrift: Das Band

Bundesverband „Hilfe für das autistische Kind" e.V.
Bebelallee 141, 2000 Hamburg 60, Tel. 0 40/5 11 56 04
Zeitschrift: Autismus

Bundesverband Legasthenie e.V.
Gneisenaustr. 2, 3000 Hannover 1, Tel. 05 11/85 34 65
Zeitschrift: „LRS"

Bundesverband Selbsthilfe Körperbehinderter e.V.
7109 Krautheim/Jagst, Tel. 0 62 94/6 80
Zeitschrift: Leben und Weg

Bundesverband Skoliose Selbsthilfe e.V.
Zankenhauser Str. 7, 8088 Eching, Tel. 0 81 43/15 63
Zeitschrift: Lichtblick

Bundesverband zur Förderung Lernbehinderter e.V.
Rolandstraße 61, 5000 Köln 1, Tel. 02 21/37 48 28
Zeitschrift: Lernen fördern

Bundesvereinigung Lebenshilfe für geistig Behinderte e.V.
Raiffeisenstr. 18, Postfach 80, 3550 Marburg 7, Tel. 0 64 21/4 00 10
Zeitschriften: Lebenshilfe-Zeitung, Fachzeitschrift „Geistige Behinderung"

Bundesvereinigung Stotterer Selbsthilfe e.V.
Postfach 11 02 22, 5650 Solingen 11, Tel. 02 12/7 30 75
Zeitschrift: Der Kieselstein

Bund zur Förderung Sehbehinderter e.V.
Frau Bechyna, Gottfried-Keller-Str. 53, 4000 Düsseldorf, Tel. 0211/432929

Dachverband Psychosozialer Hilfsvereinigungen e.V.
Thomas-Mann-Str. 49a, 5300 Bonn 1, Tel. 0228/632646

Deutsche Gesellschaft „Bekämpfung der Muskelkrankheiten" e.V.
Hohenzollernstr. 11, 7800 Freiburg, Tel. 0761/277932 und 278024 / Zeitschrift: Muskelreport

Deutsche Gesellschaft zur Bekämpfung der Mucoviscidose e.V.
Postfach 1810, 8500 Nürnberg 1, Tel. 0911/471508
Zeitschrft: cf-aktuell

Deutsche Gesellschaft zur Förderung der Gehörlosen und Schwerhörigen e.V.
Rothschildallee 16a, 6000 Frankfrut 60, Tel. 069/459237
Zeitschriften: Hörgeschädigte Kinder, Dtsch. Gehörlosenzeitung, DSB-Report

Deutsche Gesellschaft zur Förderung der Hör- und Sprachgeschädigten e.V.
Wientapper Weg 29f, 2000 Hamburg 55, Tel. 040/871877

Deutsche Hämophiliegesellschaft zur Bekämpfung von Blutungskrankheiten e.V.
Halenseering 3, 2000 Hamburg 73, Tel. 040/672 2970
Zeitschrift: Hämophilie-Blätter

Deutsche Ileostomie-Colostomie-Urostomie-Vereinigung e.V.
Kammergasse 9, 8050 Freising, Tel. 08161/3344
Zeitschrift: ILCO-Praxis

Deutsche Interessengemeinschaft für Kinder mit Phenylketonurie (PKU) und verwandten angeborenen Stoffwechselstörungen e.V.
Bergstr. 139, 6900 Heidelberg 1, Tel. 06221/562333

Deutsche Morbus Crohn/Colitis ulcerosa Vereinigung
Bundesverband für entzündliche Erkrankungen des Verdauungstraktes (DCCV)
Enno-Littmann-Str. 7, 7400 Tübingen, Tel. 07071/65489

Deutsche Multiple Sklerose Gesellschaft e.V.
Rosental 5/IV, II. Aufgang, 8000 München 2, Tel. 089/2608058
Zeitschrft: Mitteilungsblatt DMS-Gesellschaft

Deutsche Parkinson Vereinigung – Bundesverband e.V.
Hüttenstr. 7, 4040 Neuss, Tel. 02101/470441
Zeitschrift: dpv-Nachrichten für Mitglieder

Deutsche Retinitis Pigmentosa Vereinigung e.V.
Wernher-von-Braun-Str. 39, 6367 Karben, Tel. 06039/3475
Zeitschrift: RP aktuell

Deutsche Rheuma-Liga e.V.
Rheinallee 69, 5300 Bonn 2, Tel. 0228/355425
Zeitschrift: mobil

Deutsche Sektion der Internationalen Liga gegen Epilepsie e.V.
Postfach 6, 7640 Kehl-Kork, Tel. 07851/3144 (10.00-12.00 Uhr)
Zeitschrift: Dtsch. Sektion der Intern. Liga gegen Epilepsie

Deutsche Zöliakie-Gesellschaft e.V.
Ganzenstr. 13, 7000 Stuttgart 80, Tel. 0711/713969
Zeitschrift: DZG aktuell

Deutscher Blindenverband e.V.
Bismarckallee 30, 5300 Bonn 2, Tel. 02 28/35 30 19
Zeitschrift: Blindenselbsthilfe

Deutscher Diabetiker-Bund e.V.
Bahnhofstr. 74/76, 4650 Gelsenkirchen, Tel. 02 09/
1 50 88-89
Zeitschrift: Diabetes-Journal

Deutscher Psoriasisbund e.V.
Fischertwiete 2, (Chilehaus A), 2000 Hamburg 1, Tel.
0 40/33 08 85
Zeitschrift: Psoriasis

Deutscher Verein der Blinden und Sehbehinderten in Studium und Beruf e.V. – DVBS
Frauenbergstr. 8, 3550 Marburg, Tel. 0 64 21/48 14 50

Frauenselbsthilfe nach Krebs e.V.
L 4/9, 6800 Mannheim, Tel. 06 21/2 44 34
Zeitschrift: Rundbrief

Freundeskreis Camphill e.V.
Gütergotzer Straße 85, 1000 Berlin 37, Tel. 0 30/8 01 20 69
Zeitschrift: Die Brücke

Interessenverband der Dialysepatienten und Nierentransplantierten Deutschlands e.V. (Künstliche Niere)
Villenstr. 2a, 4100 Duisburg 14, Tel. 0 21 35/41 26
Zeitschrift: Der Dialysepatient

Schutzbund für Impfgeschädigte e.V.
Postfach 1160, 5912 Hilchenbach/Siegerland, Tel.
0 27 33/27 98

Vereinigung Kleiner Menschen e.V., Bundesverband
Gerhard Waschkies, Kleistr. 12, 3501 Fuldatal-Rothwesten

Literatur

P. Appelhaus und *Eva Krebs:* Kinder und Jugendliche mit Sehschwierigkeiten in der Schule. Heidelberger Verlagsanstalt, Heidelberg 1984.

H. Bach (Hrsg.): Familien mit geistig behinderten Kindern. Verlag Marhold, Berlin.

Anita Blankennagel u.a.: Hilfe für sehgeschädigte Kinder. Klett-Cotta Verlagsgemeinschaft, Stuttgart 1977.

B. und *B. Bobath:* Die motorische Entwicklung bei Zerebralparesen. Thieme Verlag, Stuttgart.

Nancie Finnie: Hilfe für das zerebral gelähmte Kind. Anleitung zur Förderung des Kindes zu Hause nach der Methode *Bobath.* Otto Maier Verlag, Ravensburg.

B. Fischer: Hilfe für hörgeschädigte Kinder. Klett-Cotta Verlagsgemeinschaft, Stuttgart 1977.

V. Jacobi: Der Geistigbehinderte und sein Recht. Lambertus Verlag, Freiburg 1982.

H. Kratzmeier (Hrsg.): Behinderte aus eigener und fremder Sicht. Heidelberger Verlagsanstalt, Heidelberg 1980.

H. Kratzmeier (Hrsg.): Sprach- und Denktraining. Beltz Verlag, Weinheim 1972.

R. Krenzer: Methodik der religiösen Erziehung Geistigbehinderter. Kösel-Verlag, München 1978.

A. Löwe: Hörenlernen im Spiel. Verlag Marhold, Berlin 1981.

A. Löwe: Sprachfördernde Spiele. Verlag Marhold, Berlin 1980.

Marinka Möller-Marko: Das schwerhörige Kind. Heidelberger Verlagsanstalt, Heidelberg 1980.

A. Sagi u.a.: Behinderte Menschen. Lambertus Verlag, Freiburg 1980.

Françoise Sandre und *Herée Raute:* Das geistig behinderte Kind. Benzinger Verlag, Köln 1972.

Beate und *M. Schmeichel:* Hilfe für körperbehinderte Kinder. Klett-Cotta Verlagsgemeinschaft, Stuttgart 1978.

Ingeborg Stengel: Sprachschwierigkeiten bei Kindern. Klett-Cotta Verlagsgemeinschaft, Stuttgart 1982.

A. Zuckrigl: Wenn Kinder stottern. Reinhardt-Verlag, München.